Cobiau Campus Cymru
Ifor & Myfanwy Lloyd ————————————
Winning Welsh Cobs

Cwpan Tywysog Cymru **"**

Derwen Rosinda 1981

" Outstanding

Prince of Wales Cup winners **"**

Cobiau Campus Cymru

Ifor & Myfanwy Lloyd

Winning Welsh Cobs

Fferm y teulu, sef Derwen Fawr, Crugybar, yr enwyd y fridfa ar ei hôl
The family farm, Derwen Fawr, Crugybar, after which Derwen Stud was named

Cyhoeddwyd yn 2008 gan Wasg Gomer, Llandysul, Ceredigion SA44 4JL
Published in 2008 by Gomer Press, Llandysul, Ceredigion SA44 4JL

Dymuna'r cyhoeddwyr gydnabod cymorth Cyngor Llyfrau Cymru
This book is published with the financial support of the Welsh Books Council

ISBN 978 1 84851 004 3

Cynnwys   Contents

Rhagair / *Preface* : Raymond Osborne Jones   8

Enillwyr 100 mlynedd / *100 years Winners*   16

Dewi Rosina   18

Derwen Rosina   28

Nebo Black Magic   38

Derwen Rosinda   48

Derwen Princess   58

Derwen Viscountess   68

Derwen Groten Goch   76

Derwen Dameg   86

Cydnabyddiaethau / *Acknowledgements*   96

> **"** Ar y gwastad na arbeda
> Ar y rhiw na orfoda
> Ar y gwaered na farchoga
> Yn y stabal na'm anghofia. **"**
> ### Elin Lloyd'

Sioe Frenhinol Cymru / Royal Welsh Show, 1953
Jack Hughes, Roscoe & Elin Lloyd, Mrs Davies & Mr I. Osborne Jones

> **"** Some say that the cob was brought here by the
> Romans, and others say it evolved from the
> mountain pony. There's so much argument over it.
> But I've got a feeling – even though there's no
> historical basis for it – that the cob has been on
> the Welsh hills for thousands of years. **"**
> ### Ifor Lloyd

Rhieni Ifor, y diweddar Roscoe ac Elin Lloyd, yn pacio Cwpan Tywysog Cymru i'w ddychwelyd i'r Sioe.
Ifor's late parents Roscoe and Elin Lloyd pack the Prince of Wales Cup for its return to the Royal Welsh.

Rhagair

Mae fy nghysylltiad i â Bridfa Derwen yn ymestyn yn ôl i ddyddiau fy mhlentyndod gan mai fy nhad oedd cyfaill pennaf sylfaenydd y fridfa, sef E. Roscoe Lloyd. Roedd fy nhad-cu yn brifathro, yn gyfoeswr ac yn gyfaill i Mr Dan Jenkins, tad-yng-nghyfraith Roscoe Lloyd, a thad-cu Ifor Lloyd sef perchennog presennol y fridfa. Roedd fy mam yn 'gyd-deithiwr' gyda Roscoe ar y gylchdaith eisteddfodol, ill dau yn gantorion nodedig. Felly, wrth dderbyn y fraint o lunio'r rhagair i'r llyfryn hwn, fe ddaeth cylch yn gyfan.

'Fixt of Old and Founded Strong' – A.E.Housman

Dewi Rosina 8937 oedd y conglfaen yn hanes modern Bridfa Derwen. Magwyd Dewi Rosina gan Mr J.O. Davies, Pentrebrain, Llanddewi Brefi – hynafgwr y bridwyr Cobiau Cymreig. Roedd Rosina 8937 yn ferch i True Briton 1351, ceffyl a oedd yn eiddo i ewythr fy mam, Thomas Rees, ac a fagwyd ganddo ef hefyd. Roedd True Briton 1351 yn ŵyr i High Stepping Gambler 33 a aned dros ganrif yn ôl yn 1894 ac a oedd hefyd yn eiddo i Thomas Rees. Roedd Gambler 33 yn ei dro yn ŵyr i geffyl arall o eiddo Thomas Rees, sef Welsh Briton, circa 1870, a oedd yn or-ŵyr drwy Briton Comet – Old Comet i Flyer, 'ebol gan gaseg drotian nodedig Mr Pool, na chafodd erioed mo'i threchu.'

Mewn geiriau eraill, mae llinach Dewi Rosina yn tarddu o'r cofnodion cynharaf sydd ar gof a chadw am fridio Cobiau Cymreig. Roedd Rosina 8937 yn ferch i Dewi Black Bess 19 FS2, ei hun yn ferch i'r chwedlonol Ceitho Welsh Comet 774. Black Bess 19 FS2, oedd enillydd Cwpan Tywysog Cymru yn 1935, ac felly o'r cychwyn cyntaf sefydlwyd y fridfa

Preface

My connections with the Derwen Stud reach back to my childhood. My father was the closest friend of the stud's founder, E. Roscoe Lloyd. My grandfather was a contemporary headmaster and friend of Mr Dan Jenkins, Roscoe Lloyd's father-in-law and grandfather of the stud's present owner, Ifor Lloyd. My mother was a 'fellow traveller' on the Eisteddfodic circuit with Roscoe Lloyd, both being noted singers. So, the circle was complete. Albeit,
I feel honoured to be asked to write a preface to this booklet.

'Fixt of Old and Founded Strong' – A.E.Housman

The modern foundation stone in the history of the Derwen Stud was the purchase of **Dewi Rosina** 8937, bred by the doyen of Welsh Cob breeders, Mr J.O. Davies, Pentrebrain, Llanddewi Brefi. Rosina 8937 was sired by Blaenwaun True Briton 1351, bred and owned by my mother's uncle, Thomas Rees. True Briton 1351 was a grandson of Thomas Rees' High Stepping Gambler 33, foaled over a century ago in 1894. Gambler 33, in turn was a grandson of Thomas Rees's Welsh Briton, circa 1870, who was a great grandson via Briton Comet – Old Comet to the Flyer, 'whose dam was Mr Pool's celebrated trotting mare which was never beaten.'

In other words, Dewi Rosina's lineage sprang from the very fount of recorded Welsh Cob breeding. Rosina 8937's dam was Dewi Black Bess 19 FS2, a daughter of the legendary Ceitho Welsh Comet 774. Black Bess 19 FS2 was the winner of the 1935 Prince of Wales Cup. So, from

ar graig gadarn y traddodiad cyfoethog o fridio Cobiau Cymreig yng Ngheredigion.

Yn ddiddorol ddigon, mae'r fridfa wedi troi a datblygu o gwmpas Ceitho Welsh Comet 774 drwy ŵyr i Rosina 8937, sef Pentre Eiddwen Comet 1796. Yr unig wyriad oddi ar y polisi yma oedd prynu Llwynog y Garth 1841, a dreuliodd ychydig o flynyddoedd ym Mridfa Derwen cyn mynd at Mr Dil Thomas, Bridfa Grange, sef tad Joan Thomas yr arbenigwraig yn y byd gyrru ceffylau. Yma, deuai Llwynog 1841 yn adnabyddus ym myd yr harnes, yn ogystal â bod yn bencampwr mewn llaw yn Sioeau Brenhinol Cymru 1949, 1950 a 1960.

Yr unig wyriad arall, flynyddoedd yn ddiweddarach, oedd prynu Cefn Parc Boy 2151, mab arall o liw melyn i Mathrafal 1629.

Y caffaeliad pwysig nesaf oedd Groten Ddu 9408 a oedd yn tynnu ymlaen mewn oedran. Ymblethodd hithau eto gyda llinell Ceitho Welsh Comet 774, gan iddi hanu o'r ddwy ochr o Teify of Hercws 8929, merch arall i Ceitho Welsh Comet 774 ac enillydd Cwpan Tywysog Cymru yn 1936 a 1937. Hi hefyd oedd gwrthwynebydd peryclaf Black Bess 19 FS2 yng nghylch y sioe.

Cyrhaeddodd Groten Ddu 9408 Fridfa Derwen bron ar yr un adeg â Teifi Valiant Comet 3436. Tad Teifi Valiant Comet 3436 oedd Pentre Eiddwen Comet 1796 a gipiodd Gwpan Tywysog Cymru ddwywaith yn 1951 a 1956; a'i fam oedd Teifi Welsh Maid 10242, enillydd Cwpan Tywysog Cymru yn 1955 i'w pherchennog, a'r un a'i magodd, sef J. H. Davies o Fridfa Valiant. Canlyniad y paru rhwng Teifi Valiant Comet 3436 a Groten Ddu 9408 oedd Derwen Groten Ddu 17065, sef mam **Derwen Groten Goch** 69034 enillydd Cwpan Tywysog Cymru yn 1986, 1990 a 1992.

the beginning, the stud was founded on the solid rock of Cardiganshire blue blood Welsh Cob breeding.

Interestingly, the stud has revolved and evolved around the breeding of Ceitho Welsh Comet 774, via Rosina 8937's own grandson, Pentre Eiddwen Comet 1796. The only deviation from this policy was the purchase of Llwynog y Garth 1841, who spent a few years at Derwen before moving on to Mr Dil Thomas, Grange Stud, father of the top whip Joan Thomas. Here, Llwynog 1841 was to make a name for himself in the harness world, as well as being in-hand champion at the 1949, 1950, and 1960 Royal Welsh Shows.

The only other deviation, many years later, was the acquisition of another chestnut son of Mathrafal 1629, Cefn Parc Boy 2151.

The next important acquisition was to be the ageing Groten Ddu 9408, she again interlaced with the Ceitho Welsh Comet 774 line being descended on both sides from Teify of Hercws 8929, another daughter of Ceitho Welsh Comet 774, twice winner of the Prince of Wales Cup (1936 and 1937), and Black Bess 19 FS2's fiercest show ring rival.

Groten Ddu 9408's arrival almost coincided with the acquisition of Teifi Valiant Comet 3436, sired by Pentre Eiddwen Comet 1796, twice winner of the Prince of Wales Cup (1951 and 1956) and out of Teifi Welsh Maid 10242, winner of the 1955 Prince of Wales Cup for owner and breeder J. H. Davies, Valiant Stud. Teifi Valiant Comet 3436, mated to Groten Ddu 9408, produced Derwen Groten Ddu 17065, dam of **Derwen Groten Goch** 69034, winner of the Prince

Derwen Replica

Cyflwynwyd dylanwad Pentre Eiddwen Comet 1796 o gyfeiriad arall hefyd , a hynny drwy'r march brithlwyd Coedllys Stardust 3519, tad Derwen Rosie 16052 a oedd yn or-ŵyres i Dewi Rosina 8937. Rosie 16052 oedd cychwyn llinell 'R' enwog Derwen. Stardust 3519 hefyd oedd tad Derwen Seren 16053 allan o Groten Ddu 9408, a fyddai'n ychwanegiad dylanwadol arall i'r Fridfa.

Yr ychwanegiad pwysig nesaf oedd **Derwen Rosina** 9261 FS2 a brynwyd oddi wrth y teulu Williams o Fridfa Rhandir - ffynhonnell wych arall o ran cobiau yng Ngheredigion. Tad Rosina 9261 FS2 oedd yr anfarwol Cahn Dafydd 1758, march a ddarganfuwyd gan fy nhad ac a fu dan ei berchnogaeth yn ail hanner y 1940au. Cynhyrchodd Dafydd 1758 un ar ddeg o bencampwyr Sioe Frenhinol Cymru mewn cwta chwe thymor tra ym Mridfa Fronarth. Aeth tri o'r un ar ddeg yn eu blaenau i ennill Cwpan Tywysog Cymru 7 o weithiau, sy'n record. Mam Rosina 9261 FS2 oedd yr hyfryd Rhandir Black 1490 FS1, a do, fe ddyfaloch yn gywir, ei thad oedd Pentre Eiddwen Comet 1796.

Enillodd Derwen Rosina 9261 FS2 Gwpan Tywysog Cymru deirgwaith yn olynol cyn ei marwolaeth gynamserol, a 30 mlynedd wedyn fe bleidleisiodd yr aelodau yn annibynol ar ei gilydd yn nathliad Canmlwyddiant y Gymdeithas mai hi oedd **Caseg y Ganrif.**

Cyrhaeddodd mab arall i Pentre Eiddwen Comet 1796 Fridfa Derwen pan brynwyd y march anhygoel hwnnw, y diweddar **Nebo Black Magic** 4370, un a fagwyd gan y teulu Jones o Fridfa Nebo. Mae dylanwad Black Magic 4370 ar fyd y cobiau yn anfesuradwy, a'i ddylanwad ar y fridfa hon yn arbennig felly. Enillodd ef hefyd Gwpan

of Wales Cup in 1986, 1990 and 1992.

Another dash of Pentre Eiddwen Comet 1796 breeding was introduced by way of the blue-roan Coedllys Stardust 3519, sire of Derwen Rosie 16052, who was, in turn, granddaughter of Dewi Rosina 8937. Rosie 16052 went on to found the famous Derwen 'R' line. Stardust 3519 also sired Derwen Seren 16053, out of Groten Ddu 9408, who was to become another influential addition to the stud.

The next important addition was the purchase of **Derwen Rosina** 9261 FS2 from the Williams' Rhandir Stud, another source of great Cardiganshire cobs. Rosina 9261 FS2 was sired by the great Cahn Dafydd 1758, discovered and owned by my father in the latter half of the 1940s. Dafydd 1758 produced eleven Royal Welsh Champions in only six seasons whilst standing at the Fronarth Stud. Three of the eleven went on to win the Prince of Wales Cup a record seven times. Rosina 9261 FS2's dam was the lovely Rhandir Black 1490 FS1, yes, you've guessed it, sired by Pentre Eiddwen Comet 1796. Derwen Rosina 9261 FS2 went on to win the Prince of Wales Cup three times in consecutive years and, thirty years after her untimely death, was voted independently by Society members as **Mare of the Century** at the celebration of the Society's centenary.

Another son of Pentre Eiddwen Comet 1796 was bought in by the way of the late great **Nebo Black Magic** 4370, bred by the Jones Family, Nebo Stud. Black Magic 4370's influence in general and on the stud in particular is immeasurable. He, too, went on to win the 1973 Prince of Wales Cup and to produce many, many champions, amongst which was the stud's own

Tywysog Cymru yn 1973 a chynhyrchodd lawer iawn o bencampwyr ym Mridfa Derwen gan gynnwys Derwen Princess 38206 – caseg a gyflawnodd y gamp o ennill Cwpan Tywysog Cymru ddwywaith o'r bron yn 1983 a 1984.

Gobeithiaf fod fy nghyfraniad syml at hanes sylfaenu Bridfa Derwen wedi agor cil y drws i chi, ac yn fodd i chi gael cip ar y gorffennol.

Troednodyn

Fe'ch gadawaf gydag un sylw i orffen.

Yn 1953, cododd Roscoe Lloyd Gwpan Tywysog Cymru ar ran Bridfa Derwen am y tro cyntaf. Dyma'r pinacl uchaf y medrai unrhyw un ei gyrraedd ym myd y Cobiau Cymreig. Sioe Frenhinol Cymru, Caerdydd 1953, oedd y llwyfan i'r llwyddiant hwn pan orfu Rosina 8937 yn 19 oed.

Yn 1954 enillodd y Lester Piggott ifanc Y Darbi yn Epsom ar Never Say Die. Dyma'r pinacl uchaf y medrai unrhyw un ei gyrraedd yn y byd Rasio ar y Gwastad, a byddai'r Piggott ifanc yn cael ei gydnabod fel joci 'classic' gorau'r byd ymhen amser.

Dyma ble mae'r tebygrwydd yn gorffen.

Aeth 'maestro' Epsom yn ei flaen i ennill cyfanswm o naw Darbi yn Epsom, camp ddihafal, a record yn nhyb rhai na chaiff fyth mo'i thorri. Yn yr un rhychwant amser, mae Bridfa Derwen wedi cyflawni'r gamp ddihafal o ennill Cwpan Tywysog Cymru dair ar ddeg o weithiau, hynny yw, tan heddiw! Nawr, darllenwch ymlaen...

Derwen Princess 38206, who went on to achieve double success by winning the Prince of Wales Cup in 1983 and 1984.

I hope that my simple contribution regarding the foundation of the Derwen Stud will push ajar the door from which we can peep at our past.

Footnote

I sign off leaving you with one final snapshot: of Roscoe Lloyd accepting the Prince of Wales Cup for the Derwen Stud for the first time. This is the highest pinnacle one can aspire to in the Welsh Cob world. The scene was the Cardiff Royal Welsh Show of 1953, where the 19-year-old Rosina 8937 had triumphed.

In 1954, the young Lester Piggott, destined to become the world's greatest Classic winning jockey, won the highest pinnacle one can aspire to in the Flat Racing world, namely the Epsom Derby, on Never Say Die.

There, any similarity ends.

The Epsom maestro went on to win an unequalled nine Epsom Derby's in total. A record that some maintain will never be broken. In the same span of time, the Derwen Stud has won the Prince of Wales Cup an unequalled thirteen times – to date, that is! Now read on...

Raymond Osborne Jones

Enillwyr y "George Prince of Wales" Winners
1908–2008

Yn y 100 mlynedd cyntaf ers sefydlu'r wobr, enillwyd Cwpan Tywysog Cymru 84 o weithiau gan 59 o gobiau.

In the first 100 years of its existence, the Cup was awarded 84 times to 59 Cobs.

1908	Pride of the Hills	1942	Rhyfel Byd 2 *World War 2*	1976	Llanarth Flying Comet
1909	High Stepping Gambler II	1943	Rhyfel Byd 2 *World War 2*	1977	Llanarth Flying Comet
1910	Groten Ddu	1944	Rhyfel Byd 2 *World War 2*	1978	Llanarth Flying Comet
1911	Llwyn Flashlight II	1945	Rhyfel Byd 2 *World War 2*	1979	Ffoslas Black Lady
1912	Manoravon Flyer	1946	Rhyfel Byd 2 *World War 2*	1980	Ffoslas Flying Rocket
1913	King Flyer	1947	Meiarth Welsh Maid	**1981**	**Derwen Rosinda**
1914	King Flyer	1948	Petrol Rationing	1982	Cyttir Telynor
1915	Rhyfel Byd 1 *World War 1*	1949	Meiarth Welsh Maid	**1983**	**Derwen Princess**
1916	Rhyfel Byd 1 *World War 1*	1950	Meiarth Welsh Maid	**1984**	**Derwen Princess**
1917	Rhyfel Byd 1 *World War 1*	1951	Pentre Eiddwen Comet	**1985**	**Derwen Viscountess**
1918	Rhyfel Byd 1 *World War 1*	1952	Mathrafal	**1986**	**Derwen Groten Goch**
1919	Rhyfel Byd 1 *World War 1*	**1953**	**Dewi Rosina**	1987	Cyttir Telynor
1920	Dim sioe *No show*	1954	Meiarth Welsh Maid	1988	Nebo Daniel
1921	Dim sioe *No show*	1955	Teify Welsh Maid	**1989**	**Derwen Dameg**
1922	Pontfaen Lady Model	1956	Pentre Eiddwen Comet	**1990**	**Derwen Groten Goch**
1923	Pontfaen Lady Model	1957	Princess	1991	Pantanamlwg Red Fox
1924	Mathrafal Brenin	1958	Parc Lady	**1992**	**Derwen Groten Goch**
1925	Mathrafal Brenin	1959	Parc Lady	1993	Horeb Euros
1926	Mathrafal Eiddwen	1960	Parc Lady	1994	Nebo Hywel
1927	Mathrafal Eiddwen	1961	Parc Lady	1995	Gellifach Ap Dafydd
1928	Pant Grey Star	1962	Tyhen Mattie	1996	Fronarth Welsh Model
1929	Mathrafal Eiddwen	1963	Tyngwndwn Cream Boy	1997	Trevallion Giorgio
1930	Mathrafal Eiddwen	1964	Llanarth Brummell	1998	Ebbw Victor
1931	Llethi Valiant	1965	Pentre Eiddwen's Doll	1999	Fronarth Boneddiges
1932	Caersenddfan Stepping Flyer	**1966**	**Derwen Rosina**	2000	Danaway Flashjack
1933	Myrtle Welsh Flyer	**1967**	**Derwen Rosina**	2001	Clwy'r traed a'r genau *Foot & Mouth Disease*
1934	Craven Cymro	**1968**	**Derwen Rosina**	2002	Gwynfaes Culhwch
1935	Dewi Black Bess	1969	Tyhen Comet	2003	Gwenllan Sali
1936	Teifi of Hercws	1970	Brenin Dafydd	2004	Blaengwen Brenin
1937	Teifi of Hercws	1971	Parc Rachel	2005	Pentrepiod Welsh Flyer
1938	Dim sioe *No show*	1972	Parc Rachel	2006	Llamri Lausanne
1939	Myrtle Welsh Flyer	**1973**	**Nebo Black Magic**	2007	Fronarth Model Lady
1940	Rhyfel Byd 2 *World War 2*	1974	Llanarth Flying Comet	2008	Trevallion Rachael's Miracle
1941	Rhyfel Byd 2 *World War 2*	1975	Parc Rachel		

Cwpan Tywysog Cymru **100** mlwydd oed
Prince of Wales Cup **100** years old

Dewi
Rosina

"*True to type and a worthy winner of the Prince of Wales Cup.*"

Mr A. L. Williams
Blaentwrch Stud

Enillydd Cwpan Tywysog Cymru
Prince of Wales Cup winner

1953

Beirniad / Judge

Mr A. L. Williams
Bridfa Blaentwrch Stud

Dewi Rosina

Y Ffeithiau

Lliw: Du

Maint: 14.2

I grynhoi: Dyma'r dechrau

Uchafbwynt mewn sioe:

Cwpan Tywysog Cymru 1953

Epil enwocaf:

Eiddwen's Image

Wyddoch chi?

Prynwyd ym marchnad
Llanybydder yn 1944. Mae'r
arwerthwr, Charlie Evans, newydd
ddathlu ei ben-blwydd yn
nawdeg oed.

The Stats

Colour: Black

Size: 14.2 hh

In a nutshell: The beginning

Showing Highpoint:

Prince of Wales Cup 1953

Most famous progeny:

Eiddwen's Image

Did you know?

Bought in Llanybydder horse fair
in 1944. The auctioneer, Charlie
Evans, has just celebrated his
ninetieth birthday and still
attends the markets.

Y Pedigri   The Pedigree

Blaunwaun True Briton (1351)	Blaenwaun High Stepping Gambler (966)	High Stepping Gambler II (143)
		Flower
	(378) Queen	King Briton
		Flora
Dewi Black Bess (19 – FS2)	Ceitho Welsh Comet (1351)	Caradog Flyer (379)
		(5069) Black Bess
	Bess (17 – FS1)	Dewi Welsh King (775)
		Poll (17 – FS)

Dewi Rosina

Pan adawodd E. Roscoe Lloyd am Lanybydder i brynu hadau ar fore o Ebrill yn 1944, ni allai fod wedi rhagweld y byddai yn dychwelyd gyda chaseg a fyddai'n sylfaen i'w raglen fridio. Roedd yn ddyn ceffylau medrus a chanddo lygad craff am bencampwr. Gwyddai Mr Lloyd wrth sŵn ei charnau ar y ffordd fod Dewi Rosina yn gaseg arbennig. Cyn iddi gyrraedd yr arwerthiant yn Llanybydder, cytunwyd ar bris o £97 gyda Mr Felix, dyn a gafodd y gaseg gan y bridiwr J. O. Davies o Bentrebrain, Llanddewi Brefi, Tregaron.

Roedd ei mam, Dewi Black Bess, wedi

When E. Roscoe Lloyd left for Llanybydder to buy seed one April morning in 1944, he certainly could not have predicted he would return with the mare that would become the foundation of his breeding programme. A savvy horseman with a sharp eye for a champion, Mr Lloyd knew even as he heard her footsteps on the road that Dewi Rosina was something special. Before she had a chance to reach the Llanybydder auction, he settled on a price of £97 with Mr Felix, who had acquired the mare from the breeder J. O. Davies of Pentrebrain, Llanddewi Brefi, Tregaron.

Richard Schubert a Dewi Rosina ar eu ffordd i nôl llwyth o swêds – ar fuarth Derwen Fawr. cartref cyntaf Derwen.
Richard Schubert and Dewi Rosina on their way to fetch swedes at Derwen Fawr. the original home of Derwen.

ennill cwpan Siôr Tywysog Cymru yn 1935 ac roedd yn amlwg fod ei hepil yn mynd i ddenu sylw hefyd. Dewi Rosina oedd yr eboles fuddugol yn Llanilar, ac aeth yn ei blaen i ennill saith gwobr gyntaf yn 1946, gan gynnwys Aberteifi, Llangwyryfon, a Chrugybar a phum gwaith yn rhagor yn 1947 gan gynnwys Llanbedr Pont Steffan a Llangwyryfon. Yn Sioe Frenhinol Cymdeithas Amaethyddol Cymru yn Llanfair-ym-Muallt yn 1951, Dewi Rosina oedd yr is-bencampwr yng Nghwpan Siôr Tywysog Cymru a enillwyd gan ŵyr iddi, sef Pentre Eiddwen Comet. Er hyn, byddai hi yn ei drechu yntau yn Sioe Frenhinol Cymru yng Nghaerdydd yn 1953 pan oedd hi yn 19 oed.

Byddai'n anodd gor-bwysleisio y

Her dam, Dewi Black Bess, had won the George Prince of Wales Cup in 1935 and it was evident that her progeny would also attract attention. Dewi Rosina was the winning filly at Llanilar, she went on to take seven first prizes in 1946, including at Cardigan, Llangwyryfon, and Crugybar and 5 more in 1947, with Lampeter and Llangwyryfon among them. In 1951, at the Builth Wells Royal Welsh Agricultural Society Show, Dewi Rosina was reserve overall champion for the George Prince of Wales Cup to her grandson Pentre Eiddwen Comet. She would go on to take the award from him, though, at the Cardiff Royal Welsh Show of 1953 at the age of 19 years.

It would be difficult to overestimate the worldwide importance Dewi Rosina's blood has had on the Welsh Cob. Most notably,

pwysigrwydd byd-eang y mae gwaed Dewi Rosina wedi ei gael ar y Cobyn Cymreig. Yn fwyaf arbennig, ei mab, Derwen Welsh Comet, a allforiwyd i Pakistan ar Hydref 17, 1952 er mwyn ei groesi gyda'r merlod cynhenid gyda'r bwriad o ddatblygu ceffylau polo. Ers y blynyddoedd cynnar hynny, mae Bridfa Derwen wedi gwerthu cenedlaethau o'i disgynyddion i garedigion y Cobiau Cymreig mewn bron i ugain o wledydd. Mae pob un o geffylau Bridfa Derwen, a'r rhan fwyaf o'r rheiny sy'n fuddugol yn sioeau Ceredigion, yn ddisgynyddion i'r gaseg arbennig hon.

her son Derwen Welsh Comet was exported to Pakistan on October 17, 1952 to cross with native ponies there in the development of polo mounts. Since those early years, Derwen Stud has sold generations of her descendants to Welsh Cob lovers in nearly twenty countries. Every single one of the horses at Derwen Stud, and most of those winning in show rings around Ceredigion, are in some way descended from this great mare.

J. O. Davies, Pentrebrain

Royal Welsh Agricultural Society

SHOW AT CARDIFF — 1953
Wednesday, Thursday, Friday & Saturday,
July 22nd, 23rd, 24th & 25th

FIRST PRIZE

Awarded in Class .... To Catalogue No. ....

Mr. E. ROSCOE LLOYD'S
8937 DEWI ROSINA
ROYAL WELSH SHOW
1953

Royal Welsh Agricultural Society

SHOW AT CARDIFF — 1953
Wednesday, Thursday, Friday & Saturday,
July 22nd, 23rd, 24th & 25th

SPECIAL PRIZE

THE GEORGE PRINCE OF WALES CHALLENGE CUP FOR THE BEST COB OF
WELSH TYPE TWO YEARS OLD AND UPWARDS

Royal Welsh
Agricultural Society

ROYAL WELSH AGRICULTURAL SOCIETY

Patron : Her Majesty Queen Elizabeth II

Cardiff ★ July 22 · 23 · 24 · 25 ★ 1953
OFFICIAL CATALOGUE   Three Shillings

CHAMPION

WELSH COB

" Dyma yw caseg hardd. "

Mr J. F. Lewis
Bridfa Peithyll

Derwen Rosina

" What a beautiful mare. "

Mr J. F. Lewis
Peithyll Stud

			Beirniaid / Judges
Enillydd Cwpan Tywysog Cymru Prince of Wales Cup winner	**1966**		Mr J. F. Lewis Bridfa Peithyll Stud
	1967		Miss A. W. Wheatcroft Bridfa Sydenham Stud
	1968		Mr J. H. Davies Bridfa Valiant Stud

Derwen Rosina

Y Ffeithiau

Lliw: Du
Maint: 14.3
I grynhoi: Caseg hardd
Uchafbwynt mewn sioe:
Ennill Cwpan Tywysog Cymru
am y trydydd tro yn olynol yn
1968.
Epil enwocaf:
Derwen Rosina's Last &
Derwen Llwynog
Wyddoch chi?
Yn ôl y *Western Mail* roedd llais
Ifor Lloyd yn ysbrydoliaeth i
Derwen Rosina. Ar ôl ennill ar yr
unawd baritôn yn yr Eisteddfod
Genedlaethol y flwyddyn cynt,
mae'n debyg fod Ifor yn hoff o
ganu i'w gaseg!

The Stats

Colour: Black
Size: 14.3 hh
In a nutshell: Beautiful mare
Showing Highpoint:
Prince of Wales Cup 1968,
3rd time on the trot
Most famous progeny:
Derwen Rosina's Last &
Derwen Llwynog
Did you know?
According to the *Western Mail*
Derwen Rosina was much inspired
by Ifor Lloyd's serenading. He had
won the baritone solo in the
National Eisteddfod the previous
year and was known to sing to
his favourite mare.

Y Pedigri

Cahn Dafydd (1758)	**Mathrafal** (1629)	**Mab Y Brenin** (1555)
		(9040) **Poll of Golfa**
	(9150) **Gwenogwen**	**Ceitho Welsh Flyer** (1080)
		(7811) **Pantlleinau Blodwen**
Rhandir Black (1490 – FS1)	**Pentre Eiddwen Comet** (1796)	**Eiddwen's Image** (1703)
		Dewi Black Bess (19 – FS2)
	Bess (1083 – FS)	**Llethi Valiant** (1238)

Derwen Rosina

Dyma orwyres Dewi Rosina, ac fe'i prynwyd pan oedd yn eboles oddi wrth y bridiwr E. J. Williams. Ar ei hymddangosiad cyntaf, yn nosbarth yr ebolesau teirblwydd yn Sioe Frenhinol Cymru, disgleiriodd Rosina gan gipio'r wobr gyntaf.

Pan oedd yn bedair mlwydd oed yn 1966 enillodd Derwen Rosina Gwpan Siôr Tywysog Cymru am y tro cyntaf a derbyniodd E. Roscoe Lloyd gynnig o 500 gini amdani. Gwyddai Mr Lloyd ei bod yn rhy werthfawr i'w gwerthu a pharhaodd Derwen Rosina i gynrychioli Bridfa Derwen gan gipio Cwpan Tywysog Cymru

Great-granddaughter of Dewi Rosina, Derwen Rosina was bought as a foal from breeder E.J. Williams. In her first Royal Welsh appearance, as a three-year-old in the filly class, Rosina came out strong and took first place.

At just four years old, in 1966, Derwen Rosina won her first George Prince of Wales Cup and at this time E. Roscoe Lloyd was offered 500 guineas for the mare. Mr Lloyd knew she was just too good to let go, however, and Derwen Rosina continued to represent Derwen Stud through two more Prince of Wales Cup wins in 1967

Llun a rhoddodd yr arlunydd Aneurin Jones yn anrheg i Dyfed Lloyd.
Drawing by Aneurin Jones, made as a gift for Dyfed Lloyd.

A baritone solo for his
favourite mare
*Unawd baritôn ar gyfer
ei hoff gaseg*

ddwywaith yn rhagor yn 1967 a 1968 ynghyd â nifer o anrhydeddau eraill.

Derwen Rosina oedd un o gesig gorau'r brid ond yn anffodus bu farw yn ddisymwth pan oedd yn ddim ond 8 oed. Er hynny, gadawodd argraff ddofn ar fyd Y Cobiau Cymreig drwy ei phum epil gwych: Derwen Deryn Du gan Llanarth Braint, Derwen Queen gan Hendy Brenin, Derwen Seren Teledu gan Pentre Eiddwen Comet, a Derwen Llwynog a Derwen Rosina's Last, ill dau gan Nebo

and 1968, amongst numerous other show ring accolades.

One of the finest mares in the history of the breed, Derwen Rosina sadly died at the age of just 8 years. She left a profound impact on the Welsh Cob in this short time, though, through her five excellent progeny: Derwen Deryn Du by Llanarth Braint, Derwen Queen by Hendy Brenin, Derwen Seren Teledu by Pentre Eiddwen Comet, and Derwen Llwynog and Derwen Rosina's Last

Black Magic. Yn wir, mae dwy o bedair llinell deuluol uniongyrchol Bridfa Derwen, y Llinell 'Frenhinol' a'r Llinell 'T', yn deillio o ddwy o ferched Derwen Rosina: Derwen Queen a Derwen Seren Teledu. Cynhaliodd Derwen Rosina's Last y llinell waed gref hon pan ddyfarnwyd ef yn brif farch yn 1976, a phan rannodd yr anrhydedd hon gyda'i dad, Nebo Black Magic yn 1978.

by Nebo Black Magic. Indeed, two of Derwen Stud's four direct family lines, the 'Royal' Line and the 'T' Line originate from Derwen Rosina's two daughters: Derwen Queen and Derwen Seren Teledu. Continuing the spread of strong bloodlines, Derwen Rosina's Last was top sire for 1976 and tied with his father Nebo Black Magic for this honour in 1978.

37

" *Am geffyl!* **"**

Mr D. W. Thomas
Bridfa Rhoslan

Nebo
Black Magic

" *What a horse!* **"**

Mr D. W. Thomas
Rhoslan Stud

Enillydd Cwpan Tywysog Cymru
Prince of Wales Cup winner **1973**

Beirniad / Judge

Miss P. Taylor
Bridfa Llanarth Stud

Nebo Black Magic

Y Ffeithiau

Lliw: Du

Maint: 15

I grynhoi: Llawn bywyd

Uchafbwynt mewn sioe:
Cwpan Tywysog Cymru 1973

Epil enwocaf:
Derwen Princess &
Derwen Rosinda

Wyddoch chi?
Gweithiodd yn Llundain am sawl
blwyddyn yn tynnu cart pobydd.

The Stats

Colour: Black

Size: 15 hh

In a nutshell: Dynamic

Showing Highpoint:
Prince of Wales Cup 1973

Most famous progeny:
Derwen Princess &
Derwen Rosinda

Did you know?
Worked in London for several
years pulling a baker's cart

Y Pedigri

The Pedigree

Pentre Eiddwen Comet (1796)	**Eiddwen's Image** (1703)	**Mathrafal Eiddwen** (965)
		(8937) **Dewi Rosina**
	Dewi Black Bess (19 – FS2)	**Ceitho Welsh Comet** (1080)
		Bess (18 – FS1)
(12953) **Tyngwndwn Mathrafal Lady**	**Mathrafal** (1629)	**Mab Y Brenin** (1555)
		Poll of Golfa (19 – FS2)
	(9160) **Tyngwndwn Beauty**	**Cymro'r Wy** (1561)
		(8362) **Isfryn Bess**

Nebo Black Magic

Dyma ddisgynnydd uniongyrchol arall i Dewi Rosina drwy ei dad Pentre Eiddwen Comet a enillodd yn Y Sioe Frenhinol lawer tro. Prynwyd Nebo Black Magic oddi wrth Geraint Jones o Fridfa Nebo, Llan-non, yn gynnar yn 1965. Roedd galw mawr amdano am fod gwehelyth cryf Mathrafal yn ei waed - march eithriadol a enillodd Gwpan Siôr Tywysog Cymru yn 1952. Er mai ond 6 epil oedd iddo, cynhyrchodd Mathrafal 13 o bencampwyr Y Sioe Frenhinol, ac ychwanegodd ei fab enwog, Cahn Dafydd, 11 arall at y rhestr hon. Dyma, wrth gwrs, yw nodwedd march

Another direct descendant of Dewi Rosina through his multiple Royal Welsh-winning sire, Pentre Eiddwen's Comet, Nebo Black Magic was purchased from Geraint Jones's Nebo Stud of Llan-non in early 1965. He was largely sought after due to the strong presence in his pedigree of the blood of Mathrafal, an exceptional stallion and winner of the George Prince of Wales Cup in 1952. With only 6 progeny, Mathrafal produced a total of 13 Royal Welsh champions and his famous son, Cahn Dafydd, himself added another 11 to this

Wrth ei waith yn Llundain
In harness, in London

eithriadol fel Mathrafal, sef y gallu i ddylanwadu'n bositif ar wehelyth bron unrhyw gaseg. Mae hyn yn destament i'r gwerth o'i gynnwys mewn rhaglen fridio.

Yn hwyr yng Ngwanwyn 1965, cipiodd Nebo Black Magic Gwpan Robleith yn Sioe Llanbedr Pont Steffan, ond fe'i gwerthwyd wedyn i Mr E. Price a Mr J. Malone, y ddau o Lundain. Yno, enillodd ei damaid yn tynnu cart pobydd, tan 1969 pan y'i rhoddwyd ar werth eto a'i brynu yn ôl gan Roscoe Lloyd. Aeth Nebo Black Magic yn ei flaen i fuddugoliaethau nodedig yng nghylchoedd y sioeau. Ar wahân i Gwpan Siôr Tywysog Cymru, roedd yn bencampwr ym mhob sioe bron, Sioe Frenhinol Lloegr yn eu plith. Cyrhaeddodd hefyd y safon ym mhencampwriaeth mewn llaw Wembley yn 1973. Yn 1975 daeth buddugoliaeth yn

list. This is, of course, the true test of a great stallion; the ability of Mathrafal's blood to positively affect the off-spring of nearly any match is a testament to the value of weaving him into a breeding programme.

In the late spring of 1965, Nebo Black Magic took the Robleith Cup at Lampeter Show but was subsequently sold to Mr E. Price and Mr J. Malone, both of London. There, he earned his keep pulling a baker's cart until, up for sale again in 1969, Roscoe Lloyd bought him back and he went on to some great wins in the show ring. Besides the George Prince of Wales Cup, he was champion nearly everywhere he went, including the Royal of England, and qualified for the in-hand championship at Wembley in 1973. 1975 saw a victory at the

Sioe Feirch Glanusk a bu bron iddo ail-adrodd y llwyddiant a gafodd yng Nghwpan Tywysog Cymru pan ddaeth yn is-bencampwr i Parc Rachel, caseg S. D. Morgan, a enillodd y wobr am y trydydd tro. Nebo Black Magic yw'r unig farch o Fridfa Derwen sydd ar restr anrhydeddus enillwyr Cwpan Tywysog Cymru, ac fe gynhyrchodd sawl epil eithriadol. Ef yw tad Derwen Rosinda a Derwen Princess, ill dwy yn enillwyr yn Y Sioe Frenhinol. Ef hefyd yw tad y ddau farch syfrdanol, Derwen Llwynog a Derwen Rosina's Last, a thad-cu y march aruthrol a'r prif bencampwr Derwen Replica.

Glanusk Stallion Show and a near repeat Prince of Wales win with a reserve to S. D. Morgan's mare Parc Rachel, herself being recognized with the award for the third time. As the only stallion in Derwen Stud's illustrious list of Prince of Wales winners, Nebo Black Magic certainly did his part to produce outstanding offspring. He sired Royal Welsh winners Derwen Rosinda and Derwen Princess, as well as two stunning stallions, Derwen Llwynog and Derwen Rosina's Last, and was grandfather to the supreme champion stallion Derwen Replica.

Royal Welsh Agricultural Society
Royal Welsh Show, Llanelwedd
Nr. Builth Wells
TUESDAY, WEDNESDAY & THURSDAY, 24th, 25th & 26th JULY, 1973

CHAMPION

S.52 The George Prince of Wales Perpetual Cup for the best Welsh Cob in the Section

Black Magic

Awarded in Class .... To Catalogue No. ....

Royal Welsh Agricultural Society
Royal Welsh Show, Llanelwedd
Nr. Builth Wells
TUESDAY, WEDNESDAY & THURSDAY, 24th, 25th & 26th JULY, 1973

FIRST PRIZE

Black Magic

To Catalogue No. ....

Royal Welsh Agricultural Society
Royal Welsh Show, Llanelwedd
Nr. Builth Wells
TUESDAY, WEDNESDAY & THURSDAY, 24th, 25th & 26th JULY, 1973

SPECIAL PRIZE

S.53 The Queen's Cup for the best Welsh Cob in the Section

Black Magic

Awarded in Class .... To Catalogue No. ....

Official Catalogue 30p

ROYAL WELSH SHOW
BUILTH WELLS

July 24, 25, 26
1973

E. Roscoe Lloyd & Sons
Nebo Black Magic 4570
Royal Welsh Show 1973

WELSH PONY AND COB SOCIETY

**Nebo Black Magic
Royal Welsh Triumph**

"Does dim caseg debyg iddi!"

Mr R. A. Swain
Bridfa Crossways

Derwen
Rosinda

"Top notch!"

Mr R. A. Swain
Crossways Stud

Enillydd Cwpan Tywysog Cymru
Prince of Wales Cup winner **1981**

49

Derwen Rosinda

Y Ffeithiau

Lliw: Du
Maint: 14.3
I grynhoi: Caseg addfwyn
Uchafbwynt mewn sioe:
Cwpan Tywysog Cymru 1981
Epil enwocaf:
Derwen Replica & Derwen Requiem
Wyddoch chi?
Dyma'r unig gaseg o Fridfa
Derwen hyd yma i gael ei llun yn
harddu clawr y *Horse and Hound.*

The Stats

Colour: Black
Size: 14.3 hh
In a nutshell: Kind mare
Showing Highpoint:
Prince of Wales Cup 1981
Most famous progeny:
Derwen Replica & Derwen Requiem
Did you know?
Derwen Rosinda is the only Derwen
mare to date to have graced the
cover of *Horse and Hound.*

Y Pedigri

Nebo Black Magic (4370)	**Pentre Eiddwen Comet** (1796)	**Eiddwen's Image** (1703)
		Dewi Black Bess (19 – FS2)
	(12953) **Tyngwndwn Mathrafal Lady**	**Mathrafal** (1629)
		(9160) **Tyngwndwn Beauty**
(16053) **Derwen Seren**	**Coedllys Stardust** (3519)	**Pentre Eiddwen Comet** (1796)
		Dinah Bess (802 – FS2)
	(9408) **Groten Ddu**	**Hercws Welsh Comet** (1707)
		(9145) **Polly of Hercws**

51

Derwen Rosinda

Mae Derwen Rosinda yn un o ddisgynyddion gorau yr anhygoel Nebo Black Magic allan o'r gaseg Derwen Seren. Mae hithau, Derwen Seren, yn or-wyres i Teify of Hercws a enillodd Gwpan Siôr Tywysog Cymru ddwywaith, a Teify of Hercws yn ei thro yn ferch i Ceitho Welsh Comet.

Daeth buddugoliaethau i ran Derwen Rosinda yn y 'Tivyside' a'r Sioe Ferlod Genedlaethol yn 1979, ynghyd â chydnabyddiaeth fel yr is-bencampwr cyffredinol a'r is-bencampwr benywaidd yn Sioe Frenhinol Cymru yn y flwyddyn honno. Yn

Derwen Rosinda is among the finest off-spring of the great Nebo Black Magic and out of the mare Derwen Seren. The latter is great-granddaughter to the twice George Prince of Wales Cup winner and daughter of Ceitho Welsh Comet, Teify of Hercws.

Derwen Rosinda had wins at Tivyside and the National Pony Show in 1979, as well as recognition as reserve female and reserve overall champion at the Royal Welsh Show that same year. 1981 saw her champion Welsh Cob at the Royal of England as well as the

MAY 14 1982

HORSE and HOUND

EVERY FRIDAY 50p

I FREELY ADMIT THAT THE BEST OF MY FUN I OWE IT TO HORSE AND HOUND —— Whyte Melville

WELSH NUMBER

Derwen Rosinda—Welsh section D champion—Royal Welsh Show

1981 hi oedd pencampwr y Cobiau Cymreig yn Sioe Frenhinol Lloegr ac enillydd Cwpan Siôr Tywysog Cymru.

Rhagoriaeth Derwen Rosinda, fodd bynnag, oedd bod yn gaseg fagu, gan gynhyrchu rhai o ebolion gorau Derwen. Roedd y gorau ohonynt, Derwen Replica, nid yn unig yn brif bencampwr mewn cylch sioe ond yn farch o fri hefyd. Mae ei ddylanwad yn dal yn fawr ar fridio Cobiau Cymreig ledled y byd. Nid gorddweud fyddai ychwanegu fod ei farwolaeth gynnar wedi amddifadu byd Y Cobiau Cymreig o un o'i greaduriaid mwyaf trawiadol. Un o drysorau penna'r teulu yw llun o Derwen Replica gan Syr Kyffin Williams. Darfu am Derwen Replica yn 1994, ond mae galw o hyd am wasanaeth Derwen Requiem, un arall o ddisgynyddion disgleiriaf Derwen Rosinda, ym Mridfa Derwen heddiw.

recipient of the George Prince of Wales Cup.

It was as a broodmare, however, that Derwen Rosinda truly excelled, producing some of Derwen's finest foals. The finest, Derwen Replica, was not only supreme champion in the show ring but proved to be a top sire; his influence has and continues to be sought by Welsh Cob breeders from all over the world. It is no overstatement that his early demise robbed the Welsh Cob breed of one of its finest looking animals. A drawing of Derwen Replica by Sir Kyffin Williams is among the Lloyd family's most prized possessions. While Derwen Replica passed away in 1994, another of Derwen Rosinda's best, Derwen Requiem, continues to stand at stud for Derwen.

PAGE TWENTY-FOUR   WESTERN TELEGRAPH   AUGUST 1979

'Derwen Rosinda' scores another show triumph

Derwen Replica, epil hardd Derwen Rosinda, a'r llun
ohono gan Syr Kyffin Williams (gyferbyn).
*Derwen Replica, beautiful progeny of Derwen Rosinda,
and the drawing of him by Sir Kyffin Williams (opposite).*

The Royal Welsh
Agricultural Society Ltd.
Cymdeithas Amaethyddol Frenhinol Cymru Cyf

Royal Welsh Show, Llanelwedd, Nr. Builth Wells
MONDAY - THURSDAY   20th - 23rd JULY 1981

SPECIAL - ARBENNIG

S. 56   The Welsh Pony & Cob Society Medal—Best Welsh Cob mare or filly.

Derwen Rosinda

AWARDED IN CLASS _____   TO CATALOGUE NO. _____

Pwllfanogl, Llanfairpwllgwyngyll, Gwynedd, LL61 6PD
Llanfairpwll 714693
29 Nov 90.
Dear Mr Lloyd,
I have done a
fairly reasonable
water colour of Derwen
Rosinda. But I have
given him a small
white blaze + now I
have a feeling that
he hasn't got one.

**'Derwen Rosinda'
supreme champion**

Cymdeithas Amaethyddol
Frenhinol Cymru
ROYAL WELSH
AGRICULTURAL SOCIETY
ROYAL WELSH
SHOW

BUILTH WELLS
GORFFENNAF
20, 21, 22, 23
JULY

Official
Catalogue
Rhaglen
Swyddogol

£1

1981

CYMDEITHAS Y MERLOD A'R COBIAU CYMREIG
WELSH PONY AND COB SOCIETY

...d & Sons
...wen Rosinda
...Welsh Show 1981

> **"D**erwen Princess a'm hudodd fwyaf o holl enillwyr Cwpan Tywysog Cymru. Gyda'i chot ddu drawiadol a'i bacsiau gwynion, roedd hi'n denu'r llygad yn syth.**"**
>
> Mr D. W. Bushby
> Bridfa Buckswood

Derwen Princess

> **"O**f all the Prince of Wales winners, she was the most charismatic. With her beautiful black colour and white socks, she stood out from the crowd.**"**
>
> Mr D. W. Bushby
> Buckswood Stud

		Beirniaid / Judges
Enillydd Cwpan Tywysog Cymru Prince of Wales Cup winner	**1983**	Mr W. E. Rowlands Bridfa Cwmhwylog Stud
	1984 	Mr D. R. Higgins Bridfa Tireinion Stud

Derwen Princess

Y Ffeithiau

Lliw: Du

Maint: 15

I grynhoi: Cymeriad hen ffasiwn

Uchafbwynt mewn sioe:

Ennill Cwpan Tywysog Cymru
am yr ail dro yn 1984

Epil enwocaf:

Derwen Perl a Derwen Prince
of Wales

Wyddoch chi?

Yn Sioe Frenhinol Cymru 1983,
enillodd Gwpan y Frenhines yn
ogystal

The Stats

Colour: Black

Size: 15 hh

In a nutshell: Old-fashioned type

Showing Highpoint:

Winning the Prince of Wales Cup
for the second time in 1984

Most famous progeny:

Derwen Perl and Derwen Prince
of Wales

Did you know?

In 1983 she also won the Queen's
Cup at the Royal Welsh Show

E R Lloyd & Sons
38206 Derwen Princess
Royal Welsh Show 1983

Nebo Black Magic (4370)	**Pentre Eiddwen Comet** (1796)	**Eiddwen's Image** (1703)
		Dewi Black Bess (19 – FS2)
	(12953) **Tyngwndwn Mathrafal Lady**	**Mathrafal** (1629)
		(9160) **Tyngwndwn Beauty**
(29471) **Derwen Queen**	**Hendy Brenin** (1763)	**Meiarth Royal Eiddwen** (1680)
		(9139) **Lady Welsh Flyer**
	Derwen Rosina (9261 – FS2)	**Cahn Dafydd** (1758)
		Rhandir Black (1490 – FS1)

Derwen Princess

Roedd Derwen Princess yn hanner chwaer i Derwen Rosinda, ar ochr eu tad, sef Nebo Black Magic. Serennai Derwen Princess yng nghylch y sioe, ac enillodd Gwpan Tywysog Cymru ddwywaith, a thair gwobr o'r bron yn Sioe Frenhinol Lloegr o 1982 i 1984. Bu'n is-bencampwr cyffredinol Sioe Frenhinol Cymru yn 1982 a chafodd nifer o fuddugoliaethau eraill. Yn 1983, derbyniodd Gwpan Y Frenhines Elizabeth – anrhydedd eithriadol a ddyfernir gan Ei Mawrhydi i'r gorau yn Sioe Frenhinol Cymru.

Er bod iddi bersonoliaeth addfwyn, byddai

A half sister to Derwen Rosinda, through their sire Nebo Black Magic, Derwen Princess was unstoppable in the show ring. Her two Prince of Wales Cup wins are complemented by 3 consecutive Royal of England prizes, from 1982 to 1984, a reserve overall at the 1982 Royal Welsh, and numerous other victories. In 1983, Derwen Princess also earned the exceptional honour that is the Queen Elizabeth Cup, an award presented by Her Majesty to the top Welsh at the Royal Welsh Show.

Derwen Princess yn mwynhau rhyddid y caeau ac yn meddu ar annibyniaeth barn pan ddeuai'n fater o ffrwyno. Amlygai'r pendantrwydd yma ei hun yng nghylch y sioe hefyd a pheri bod Princess yn ffefryn gan y dorf lle bynnag y byddo'r gystadleuaeth.

Mam Derwen Princess, sef Derwen Queen, yw pen yr hyn a elwir yn 'Llinell Frenhinol' ceffylau Derwen. Mae Derwen Queen yn ferch i Hendy Brenin ac mae ei disgynyddion hi i gyd yn meddu ar enwau sy'n deitlau brenhinol, ac felly yn torri ar draddodiad Bridfa Derwen o enwi ar ôl llythyren gyntaf enw'r fam. Mae'r 'Llinell Frenhinol' wedi bod yn hynod lwyddiannus yng nghylch y sioe gyda thair ohonynt yn ennill Cwpan Tywysog Cymru; Derwen Princess, Derwen Viscountess a Derwen Dameg (wyres i Derwen Queen).

Though she had a lovely personality when being handled, Derwen Princess enjoyed her time out in the field and always had her own opinions about when she was to be caught. That same strong character came out in the show ring, making her a crowd favourite wherever she competed.

Derwen Princess's dam, Derwen Queen, is the head of what is termed the 'Royal Line' of Derwen horses. Daughter of Hendy Brenin, Derwen Queen's progeny all have names that are royal titles and, thus, break from Derwen Stud's tradition of naming according to the first letter of the dam. The Royal Line has been extremely successful in the show ring, with three winning the Prince of Wales Cup: Derwen Princess, Derwen Viscountess, and Derwen Dameg (granddaughter of Derwen Queen).

Derwen Princess is again the supreme Welsh Cob 1984

Wednesday brought an attendance of over 50,000 and a good many of them were already in the Welsh Cob half of the grandstand at 8.30a.m., when judge Mr. D. R. Higgins started judging 255 Cobs in 11 exciting classes, the grandstand echoing with applause for every spectacular mover, equine or human!

By winning the championship for the second successive year with their magnificent mare, Derwen Princess, the names of owners, Roscoe Lloyd and Sons, became the leaders engraved onto the coveted George Prince of Wales Cup, first presented in 1909.

The Royal Welsh Agricultural Society Ltd.

Cymdeithas Amaethyddol Frenhinol Cymru Cyf.

1984 ROYAL WELSH SHOW - SIOE FRENHINOL CYMRU

CHAMPION - PENCAMPWR

The George Prince of Wales Perpetual Cup for the Champion Welsh Cob.

DERWEN PRINCESS

CLASS NO. / RHIF DOSBARTH

The ... Agricultural Society ...

Cymdeithas Amaethyddol Frenhinol Cymru Cyf.

Royal Welsh Show, Llanelwedd, Nr. Builth Wells

MONDAY - THURSDAY 18th - 21st JULY 1983

CHAMPION - PENCAMPWR

The George Prince of Wales Perpetual Cup for the Champion Welsh Cob.

DERWEN PRINCESS

Royal Welsh Agricultural Society

Cymdeithas Amaethyddol Frenhinol Cymru

ROYAL WELSH SHOW SIOE FRENHINOL CYMRU

LANELWEDD, BUILTH WELLS

1983

E. R. Lloyd & Sons 23206 Derwen Princess Royal Welsh Show 1983

CYMDEITHAS Y MERLOD A'R COBIAU CYMREIG · WELSH PONY AND COB SOCIETY

CHAMPION

CHAMPION

ROYAL WELSH SHOW

LLANELWEDD, BUILTH WELLS

OFFICIAL CATALOGUE RHAGLEN SWYDDOGOL

1984

JULY/GORFFENNAF 23, 24, 25, 26 £1·50

SIOE FRENHINOL CYMRU

JULY/GORFFENNAF 18, 19, 20, 2...

" *Mor urddasol, â phen hardd.* **"**

Mr W. L. Harris
Bridfa Pennal

Derwen
Viscountess

" *Full of quality, with a beautiful head.* **"**

Mr W. L. Harris
Pennal Stud

Derwen Viscountess

Y Ffeithiau

Lliw: Du
Maint: 14.3
I grynhoi: Eithriadol
Uchafbwynt mewn sioe:
Cwpan Tywysog Cymru 1985
Epil enwocaf:
Uplands Empress
Wyddoch chi?
Dyma wers i'r rhai sydd bob amser yn cwyno na fydd bridwyr Cymreig byth yn gwerthu ceffylau sydd â gobaith ennill gwobrau mawr. Prynwyd Viscountess gan yr Haaks o Fridfa'r Uplands a daeth yn ôl i gipio Cwpan Tywysog Cymru.

The Stats

Colour: Black
Size: 14.3 hh
In a nutshell: Stunning
Showing Highpoint:
Prince of Wales Cup 1985
Most famous progeny:
Uplands Empress
Did you know?
Critics have always claim that Welsh breeders never sell horses with potential to become true winners. This was disproved by the Haaks of the Uplands Stud who bought her and brought her back to win the Prince of Wales Cup 1985

Derwen Rosina's Last (4370)	**Nebo Black Magic** (4370)	**Pentre Eiddwen Comet** (1796
		(12953) **Tyngwndwn Mathrafal Lady**
	(9261 – FS2) **Derwen Rosina**	**Cahn Dafydd** (1758)
		Rhandir Black (1490 – FS1)
(29471) **Derwen Queen**	**Hendy Brenin** (1763)	**Meiarth Royal Eiddwen** (1680)
		(9139) **Lady Welsh Flyer**
	Derwen Rosina (9261 – FS2)	**Cahn Dafydd** (1758)
		Rhandir Black (1490 – FS1)

Derwen Viscountess

Mae Derwen Viscountess yn enghraifft wych o lwyddiant bridio gofalus gan fod iddi, ar ochr ei thad a'i mam, waed yr anfarwol Derwen Rosina, cwta ddwy genhedlaeth ynghynt. Mae cadernid ac ansawdd llinellau gwaed yn amhrisiadwy wrth gynhyrchu creaduriaid o safon ac yn sylfaen i'r bridio o linach a ddefnyddir ym Mridfa Derwen. Gellir olrhain pob cobyn ar y fferm yn ôl i'r gaseg wreiddiol, Dewi Rosina, a defnyddir gwaed safonol o hen linellau eraill, fel Mathrafal neu Ceitho Welsh Comet, pan fo angen.

Derwen Viscountess is a fine example of the way in which careful breeding works as she has from both sire and dam's side the blood of the great Derwen Rosina just two generations back. Solidity and proven quality of bloodlines is invaluable to the production of top stock and is the foundation of the line breeding Derwen Stud practise.

All of the cobs on the farm can be traced back to the foundation mare, Dewi Rosina, and very good blood of other old lines, such as that of Mathrafal or Ceitho Welsh Comet, is

Ar ôl ennill ei dosbarthiadau yn Llanbedr Pont Steffan a Sioe Frenhinol Cymru tra oedd yn eboles gydag Ifor Lloyd, cafodd Derwen Viscountess yrfa ddisglair ym maes sioeau gyda'r Haaks o Fridfa Uplands. Fe'i prynwyd oddi wrth Fridfa Derwen pan oedd yn deirblwydd oed fel anrheg pen-blwydd priodas arian. Enillodd Gwpan Tywysog Cymru yn 1985 gydag ebol gan Derwen Disturbance wrth ei hochr. Yn is-bencampwr i Derwen Viscountess oedd yr anhygoel Derwen Replica, manylyn gwerth ei nodi gan mai dyma'r ail dro yn unig i bencampwr y Cobiau a'r is-bencampwr ddod o'r un fridfa. Yn 1954, anrhydeddwyd Meiarth King Flyer a Meiarth Welsh Maid gyda'r gydnabyddiaeth hon, ond aeth 30 mlynedd heibio cyn i Fridfa Derwen gyflawni'r gamp arbennig honno.

Roedd eboles arbennig wrth ei hochr pan enillodd yn Sioe Frenhinol Cymru, sef Uplands Express, ac allforiwyd honno i Mrs D. Sterritt o Fridfa Juglands, Port Perry, Ontario, Canada.

employed when necessary.

Winning her classes at both Lampeter and the Royal Welsh while still a filly with Ifor Lloyd, Derwen Viscountess went on to have a wonderful show career with the Haaks of Uplands Stud. Purchased from Derwen Stud for a silver wedding anniversary gift as a three-year-old, she went on to win the Prince of Wales Cup in 1985 with a foal by Derwen Disturbance at her side. In reserve to Derwen Viscountess was the great Derwen Replica, a detail notable because the Cob champion and reserve had only once before come from the same breeder. In 1954, Meiarth King Flyer and Meiarth Welsh Maid had been honoured with this recognition, but it was a full 30 years before Derwen Stud achieved the same.

The fantastic filly beside her for her Royal Welsh win, Uplands Empress, was exported to Mrs D. Sterritt of Juglands Stud, Port Perry, Ontario, Canada.

'Derwen Viscountess' Royal Welsh triumph

Derwen Viscountess 198

669

ROYAL WELSH AGRICULTURAL SOCIETY
CYMDEITHAS AMAETHYDDOL FRENHINOL CYMRU

President 1985
Sir Henry Llewellyn bt.
C.B.E. D.L.

ROYAL WELSH SHOW
LLANELWEDD, BUILTH WELLS
OFFICIAL CATALOGUE
RHAGLEN SWYDDOGOL

1985

JULY/GORFFENNAF
22, 23, 24, 25   £1·50
SIOE FRENHINOL CYMRU

· CYMDEITHAS Y MERLOD A'R COBIAU CYMREIG · WELSH PONY AND COB SOCIETY ·

" Dw i erioed wedi beirniadu caseg sy'n symud yn well. "

Mr G. E. Evans
Bridfa Dyfrdwy

Derwen Groten Goch

" The best moving mare I have ever judged. "

Mr G. E. Evans
Dyfrdwy Stud

Beirniaid / Judges

Enillydd Cwpan Tywysog Cymru
Prince of Wales Cup winner | **1986** | Mr G. E. Evans
Bridfa Dyfrdwy Stud

1990 | Mr I. J. Phillips
Bridfa Paith Stud

1992 | Mr D. J. Jones
Bridfa Fronarth Stud

Derwen Groten Goch

Y Ffeithiau

Lliw: Coch

Maint: 15

I grynhoi: Symud yn wych

Uchafbwynt mewn sioe:

Cipio Cwpan Tywysog Cymru am y 3ydd tro yn 1992.

Epil enwocaf:

Derwen General Red a Derwen Golden Vixen

Wyddoch chi?

Ni werthwyd hon yn yr arwerthiant, er bod Mr Tom Davies Cwmbettws wedi cynnig 950 gini amdani.

The Stats

Colour: Bay

Size: 15 hh

In a nutshell: Superb mover

Showing Highpoint:

Winning the Prince of Wales Cup in 1992 for the 3rd time.

Most famous progeny:

Derwen General Red and Derwen Golden Vixen

Interesting fact:

At auction she did not sell, even though Mr Tom Davies Cwmbettws had bid 950 guineas.

Derwen Llwynog (6622)	Nebo Black Magic (4370)	Pentre Eiddwen Comet (1796
		(12953) Tyngwndwn Mathrafal Lady
	(9261 – FS2) Derwen Rosina	Cahn Dafydd (1758)
		Rhandir Black (1490 – FS1)
(17065) Derwen Groten Ddu	Teify Valiant Comet (3436)	Meiarth Royal Eiddwen (1680)
		(9139) Lady Welsh Flyer
	(9408) Groten Ddu	Hercws Welsh Comet (1707)
		(9145) Polly of Hercws

Derwen Groten Goch

Efallai mai'r Groten Goch yw un o gesig gorau Bridfa Derwen gan iddi gipio Cwpan Siôr Tywysog Cymru deirgwaith dros gyfnod o 6 mlynedd, camp nodedig. Fel eboles, bu'n rhan o arwerthiant mawr cyntaf Derwen, ac yn ffodus roedd y bid uchaf £50 yn fyr o'r pris cadw. Felly cadwyd Groten Goch fel math o anrheg geni i fab Ifor a Myfanwy Lloyd, sef Dyfed, ar ei ddyfodiad i'r byd. Fe ddisgleiriodd y gaseg hon fyth ers iddi ymddangos mewn sioeau fel eboles flwydd; yn ogystal â llawer o fuddugoliaethau mewn sioeau lleol a

Groten Goch is arguably one of the finest mares to come out of Derwen Stud, winning a tremendous three George Prince of Wales Cups over a period of 6 years. As a foal, she was part of Derwen's first major auction and fortunately, as it turned out, was £50 shy of her reserve bid. Groten Goch was thus kept on as a birth present of sorts for Ifor and Myfanwy Lloyd's newly arriving son, Dyfed. From her first shows as a yearling, this mare excelled; in addition to many local show victories and her Prince of Wales wins, Groten Goch was Welsh

Chwpanau Tywysog Cymru, Groten Goch oedd y pencampwr Cymreig yn Sioe Frenhinol Lloegr yn 1987.

Yn ddiddorol ddigon, mae mam-gu Groten Goch, sef Groten Ddu, yn wahanol i'r mwyafrif o gesig Bridfa Derwen gan nad yw hi yn hanu o'r un llinell deuluol â Dewi Rosina. Mae'r ddwy linach yn gwahanu gyda'r march hynod ddylanwadol Ceitho Welsh Comet, gydag un ferch, Dewi Black Bess yn bwrw ebolion fel Dewi Rosina a Pentre Eiddwen Comet, a'r llall, Teify of Hercws, yn fam-gu i Groten Ddu ac yn hen hen fam-gu i Groten Goch. Drwy'r ddwy gaseg yma yn fwyaf arbennig, cafodd Ceitho Welsh Comet ddylanwad enfawr ar y brid, ac er na chafodd yrfa arbennig o ddisglair a llwyddiannus mewn sioeau, mae ei Gerdyn March yn nodi: 'Ni bu unrhyw farch yn

champion at the 1987 Royal of England Show.

As a point of particular interest, Groten Goch's grandmother, Groten Ddu, differs from most of Derwen Stud's mares in that she is not from the same family line as Dewi Rosina. The two lineages are split back at the hugely influential stallion Ceitho Welsh Comet – with one daughter, Dewi Black Bess, producing such foals as Dewi Rosina and Pentre Eiddwen Comet and another, Teify of Hercws, being the grand dam of Groten Ddu, or thrice-great grand dam of Derwen Groten Goch. Through these two mares in particular, Ceitho Welsh Comet exercised a profound influence on the breed and, though his show career was not particularly successful or illustrious, his Stud Card notes that, 'No sire in the history of Welsh Cobs has been so

hanes Y Cobyn Cymreig mor drawiadol â Ceitho Welsh Comet.' Dau o ebolion enwocaf Groten Goch yw Derwen General Red, a fu'n llwyddiannus yn Wembley, a Derwen Golden Vixen, caseg fagu nodedig.

impressive as Ceitho Welsh Comet.'

Two of Groten Goch's most famous offspring are Derwen General Red, who was successful at Wembley, and Derwen Golden Vixen, a brood mare of note.

THE CAMBRIAN NEWS   Friday 10th August 1990

1990
Derwen
Groten
Goch
Royal
Welsh

Probably never before has there been assembled such a magnificent band of mares as there were this year at Llanelwedd, with classes in the 20s and 30s and not a poor one among them. From this galaxy Groten Goch emerged female champion

There was a deathly hush while judge Ifan Phillips of the Paith Stud pondered over the championship award. Owner Ifor Lloyd leapt in the air when his Derwen Groten Goch won the George, Prince of Wales Cup for the 10th time

HORSE AND HOUND, August 6, 1992

Groten Goch proves 'The Boss' — and retires in style

ROYAL WELSH by

Later in the day Flyer had to give way in the supreme championship to Ifor and Myfanwy Lloyd's seasoned winner, the barren mare Derwen Groten Goch, former twice winner of the coveted Prince of Wales Cup. Her owners have now retired Derwen Groten Goch in her prime from in-hand competition, although she may come out in harness.

The Royal Welsh
Agricultural Society Ltd.
Cymdeithas Amaethyddol Frenhinol Cymru Cyf.
1990 ROYAL WELSH SHOW - SIOE FRENHINOL CYMRU

FIRST-CYNTAF

LIVESTOCK

AWARDED TO
CYFLWYNWYD

The Royal Welsh
Agricultural Society Ltd.
Cymdeithas Amaethyddol Frenhinol Cymru Cyf.
1990 ROYAL WELSH SHOW - SIOE FRENHINOL CYMRU

SUPREME CHAMPION - PRIF BENCAMPWR

The Tom & Sprightly Perpetual Cup Cup for the Supreme Champion Welsh Pony and Cob Section

AWARDED TO
CYFLWYNWYD   Derwen Groten Goch   CLASS NO.
                                            RHIF DOSBARTH

Mr & Mrs. I.J.R. LLOYD
89034
DERWEN GROTEN GOCH
ROYAL WELSH SHOW
1992

SUPREME CHAMPION

CHAMPION

ROYAL WELSH AGRICULTURAL SOCIETY
CYMDEITHAS AMAETHYDDOL FRENHINOL CYMRU

Patron
Her Majesty The Queen

ROYAL WELSH SHOW
LLANELWEDD, BUILTH WELLS

OFFICIAL CATALOGUE
RHAGLEN SWYDDOGOL

1986

JULY/GORFFENNAF 21, 22, 23, 24   £2.00

SIOE FRENHINOL CYMRU

ROYAL WELSH SHOW
FRENHINOL CYMRU
1990

£2.50

Cymdeithas Amaethyddol
Frenhinol Cymru

WELSH SHOW
FRENHINOL CYMRU

GORFFENNAF 20 21 22 23 1992
CATALOG SWYDDOGOL· OFFICIAL CATALOGUE
PRIS/PRICE: £3

*"Un o'r rhai gorau dw
i erioed wedi'u gweld."*

**Mr M. J. Isaac
Bridfa Tŷ'r Capel**

Derwen
Dameg

*"One of the best
I've ever seen."*

**Mr M. J. Isaac
Tŷ'r Capel Stud**

Enillydd Cwpan Tywysog Cymru
Prince of Wales Cup winner 1989

Beirniad / Judge
Mr J. E. Jones
Bridfa Gwennog Stud

Derwen Dameg

Y Ffeithiau

Lliw: Melyn

Maint: 14.3

I grynhoi: Unigryw

Uchafbwynt mewn sioe:
Cwpan Tywysog Cymru 1989

Epil enwocaf:
Derwen Danish Girl a Derwen
District Maid

Wyddoch chi?
Roedd ei thad, Cefn Parc Boy, yn
25 mlwydd oed pan feichiogwyd
ei mam.

The Stats

Colour: Chestnut

Size: 14.3 hh

In a nutshell: Unique

Showing Highpoint:
Prince of Wales Cup 1989

Most famous progeny:
Derwen Danish Girl and Derwen
District Maid

Interesting fact:
Sire of Derwen Dameg, Cefn Parc
Boy, was twenty-five years old
when Derwen Dameg was
conceived.

Y Pedigri

The Pedigree

Cefn Parc Boy (2151)	Mathrafal (1629)	Mab Y Brenin (1555)
		(9040) Poll of Golfa
	(10065) Cefn Parc Fly	Myrtle Welsh Flyer (1020)
		(7732) Brombill Fly
(45166) Derwen Duchess	Nebo Black Magic (4370)	Pentre Eiddwen Comet (1796)
		(12953) Tyngwndwn Mathrafal Lady
	(29471) Derwen Queen	Hendy Brenin (1763)
		Derwen Rosina (9261 – FS2)

Derwen Dameg

Mae'r gaseg ddisglair Derwen Dameg yn ganlyniad i lygad graff am geffyl da, astudiaeth ofalus o linellau gwaed, a thipyn o lwc hen ffasiwn! Pan roedd ei thad, Cefn Parc Boy, eisoes yn 24 mlwydd oed, fe'i prynwyd gan Ifor Lloyd. Roedd wedi cael gyrfa hela dda, ac ar adeg y prynu, roedd yn sefyll ac wedi ei glymu mewn sied yng Nghoedtrehen. Er mai ychydig o gesig a wasanaethodd yn ystod ei fywyd ifanc, cynhyrchodd Cefn Parc Boy 9 o ebolion da ym Mridfa Derwen, ac yn eu plith roedd Derwen Dameg, sef Pencampwr Siôr Tywysog Cymru

The brilliant mare Derwen Dameg is the product of a sharp eye for a good horse, careful bloodline study, and a bit of old-fashioned luck! Her sire, Cefn Parc Boy, was already 24 years old when Ifor Lloyd bought him in 1976. He had had a good hunting career and, at the time of purchase, was standing tethered in a shed in Coedtrehen. Despite having covered very few mares in his young life, Cefn Parc Boy sired 9 good foals at Derwen Stud, not the least of which was the 1989 George Prince of Wales Champion Derwen Dameg. Proving

yn 1989. Tra roedd yn ifanc, bu Dameg yn fuddugol yn Northleach yn ogystal â mewn dosbarth anferth yn Sioe Llanbedr Pont Steffan. Fel caseg fagu cynhyrchodd sawl ebol hyfryd; Derwen Dark Lady a Derwen District Maid a fu'n llwyddiannus mewn llaw, Derwen Distant Adventure a enillodd lawer tro tan gyfrwy, Derwen Denmark a Derwen Danish Girl a allforiwyd i Fridfa Glenhaven yn Yr Unol Daleithiau, a Derwen Dakota a wnaeth y siwrnai hir i Awstralia, i nodi ond ychydig.

Rai misoedd yn unig cyn ei buddugoliaeth yng Nghwpan Siôr Tywysog Cymru fodd bynnag, roedd ei bywyd yn y fantol. Tra roedd yn cario ei hebol Derwen Distant Adventure, datblygodd Dameg broblemau difrifol gyda'i pherfedd a bu'n rhaid iddi gael llawdriniaeth ddwys. O dan law arbenigol y Dr Rhisiart ap Owen yng Nghlinig Ceffylau Fyrnwy, symudwyd yr ebol dros gyfnod y llawdriniaeth a'i ailosod yn y groth er mwyn ei eni yn naturiol.

herself as a youngster, Dameg won at Northleach as well as out of a huge class at Lampeter Show. She produced many lovely foals as a brood mare; Derwen Dark Lady and Derwen District Maid were very successful in hand, Derwen Distant Adventure won many times under saddle, Derwen Denmark and Derwen Danish Girl were exported to Glenhaven Stud in America, and Derwen Dakota made the long journey to Australia, to name a few.

Just months before her George Prince of Wales Cup victory, however, there were serious doubts that the mare would even live. While carrying her foal Derwen Distant Adventure, she developed a serious intestinal problem requiring intensive surgery. Under the expert hands of Dr Rhisiart ap Owen at the Fyrnwy Equine Clinic,

Gwnaeth y gaseg a'r ebol adferiad rhyfeddol a serennodd Dameg yn fuddugoliaethus yn Sioeau Brenhinol Cymru a Lloegr yn y flwyddyn honno.

the foal was removed for the duration of the operation and replaced afterwards for a normal birth. Both mare and foal recovered better than anyone could have expected from the ordeal and Derwen Dameg was in top form for wins at both the Royal Welsh and the Royal of England that year.

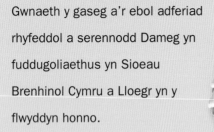

Derwen Dameg

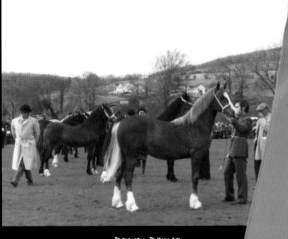

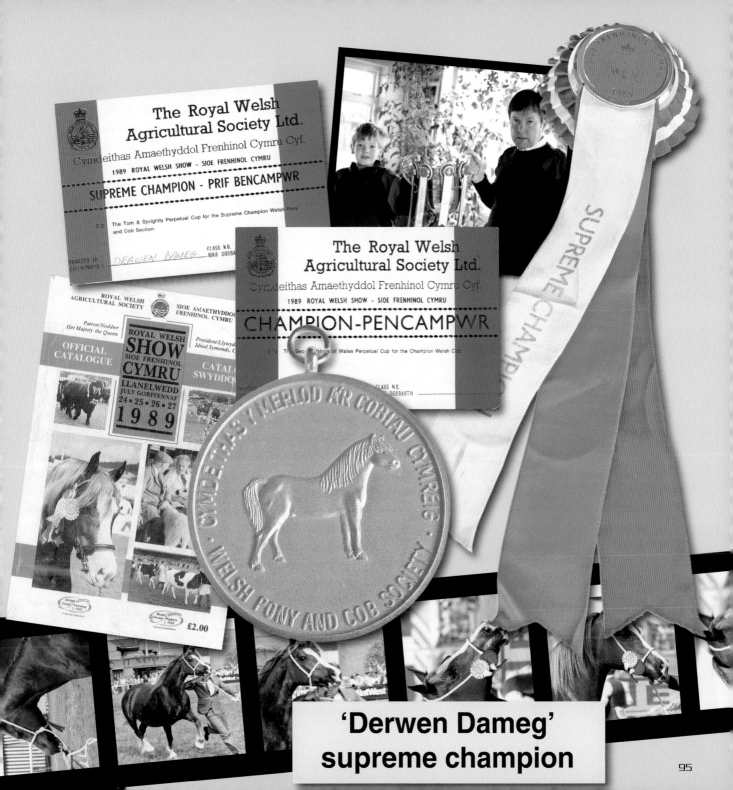

The Royal Welsh
Agricultural Society Ltd.
Cymdeithas Amaethyddol Frenhinol Cymru Cyf.

1989 ROYAL WELSH SHOW - SIOE FRENHINOL CYMRU

SUPREME CHAMPION - PRIF BENCAMPWR

The Tom & Sprightly Perpetual Cup for the Supreme Champion Welsh Pony
and Cob Section.

AWARDED TO
CYFLWYNEDY I DERWEN DAMEG CLASS NO.
RHIF DOSBARTH

The Royal Welsh
Agricultural Society Ltd.
Cymdeithas Amaethyddol Frenhinol Cymru Cyf.

1989 ROYAL WELSH SHOW - SIOE FRENHINOL CYMRU

CHAMPION - PENCAMPWR

The George Prince of Wales Perpetual Cup for the Champion Welsh Cob

CLASS NO.
DOSBARTH

ROYAL WELSH
AGRICULTURAL SOCIETY
SIOE AMAETHYDDOL
FRENHINOL CYMRU

Patron/Noddwr
Her Majesty the Queen

President/Llywydd
Idwal Symonds,

OFFICIAL
CATALOGUE

ROYAL WELSH
SHOW
SIOE FRENHINOL
CYMRU
LLANELWEDD
JULY GORFFENNAF
24 · 25 · 26 · 27
1989

CATALOG
SWYDDOG

£2.00

CYMDEITHAS Y MERLOD A'R COBIAU CYMREIG
WELSH PONY AND COB SOCIETY

SUPREME CHAMPION

'Derwen Dameg'
supreme champion

95

Cydnabyddiaethau

Mae Ifor a Myfanwy Lloyd yn ddiolchgar i Mary Stuart am roi'r prif destun at ei gilydd. Cafodd Mary Stuart ei geni a'i magu yn Victoria, Canada, a graddiodd mewn llenyddiaeth a'r iaith Saesneg ym Mhrifysgol Gorllewin Ontario. Yn ddiweddar dyfarnwyd gradd meistr iddi ym Mhrifysgol Abertawe. Fe'i cyflwynwyd i fyd Y Cobyn Cymreig yn ystod ei hamser ym Mridfa Derwen gan egino ynddi werthfawrogiad o'r anifail urddasol yma a fydd yn ddi-os yn tyfu gyda'r blynyddoedd.

Diolch arbennig i Meirion Jones Aberteifi am yr addasiad Cymraeg.

Diolch hefyd i'r ffotograffwyr am roi caniatâd i gynnwys eu lluniau fel y nodir isod.

Acknowledgements

Ifor and Myfanwy Lloyd gratefully acknowledge the work of Mary Stuart who assembled the core text for this publication. Mary Stuart was born and raised in Victoria, Canada, graduated in English language and literature at the University of Western Ontario and recently completed a masters degree at Swansea University. Her first experiences with Welsh Cobs came through time spent at Derwen Stud, fostering what will no doubt be a lifelong appreciation of this majestic animal.

Many thanks to Meirion Jones Aberteifi for the Welsh text.

Thanks also to the photographers for permission to use the images as noted below.

Anthony Booth (tud./p. 81); Mark Bullen (tud./p. 59); Ceri Davies (tud./p. 73, 75); Ron Davies (tud./p.7, 17, 35); Carol Gilson (tud./p.54, 66, 67); Kit Houghton (tud./p. 56); Peter Hussey (tud./p. 77); Bob Langrish (tud./p. 63); Marina Gallery (tud./p.39); Les Mayall (tud./p.29, 37); M. J. Metcalfe (tud./p. 8); Trevor Newbrook (tud./p. 87, 91); Alan Raddon (tud./p. 11); Anthony Reynolds (tud./p. 69, 92: anthony-reynolds.net); The Gables Studio, Newcastle Emlyn (tud./p.12, 33).

Llun y clawr blaen trwy ganiatâd Ron Davies / *Cover photograph by permission of Ron Davies.*

Mae'r lluniau eraill o archif y teulu, ac ni bu'n bosib dod o hyd i berchennog yr hawlfraint ym mhob achos.

Other photographs are from the family archive and it has not been possible to trace the owner of copyright in every instance.

Ffynonellau a Darllen Pellach / *Sources and Further Reading*

Davies, Wynne *Welsh Cob Champions* J.A. Allen 1985

Davies, Wynne *The Welsh Cob* J.A. Allen 1999

Davies, Wynne *Welsh Ponies and Cobs* J.A. Allen 1999

Davies, Wynne *One Hundred Glorious Years: The Welsh Pony and Cob Society 1901-2001*

Edwards, Elwyn Hartley *Leading the Field: British Native Breeds of Horses and Ponies* Stanley Paul 1922

Howell, David W. *Taking Stock: The Centenary History of the Royal Welsh Agricultural Society* Gwasg Prifysgol Cymru/University of Wales Press 2003

Williams, Brenda, *The Versatile Welsh Breeds* Y Lolfa Cyf. 2001

Cymdeithas Y Merlod a'r Cobiau Cymreig/*Welsh Pony and Cob Society Journal* 1962-2008